プラスチックのごみは
どうして問題なのかな？
プラスチックが使われる
ようになったところから
見ていこう！

分別が楽しくなる！
ごみと資源のリサイクル

❸ どうする？プラスチックごみ

監修：高田秀重

はじめに

自然から出るごみは土にうめると分解され、生きものの栄養になります。ところがプラスチックはいつまでも土や水のなかに残りつづけ、生きものに害をあたえています。そのうえ、みんなが大人になるのをじゃまする化学物質が入っています。からだを守るためには、プラスチックをわけてすてることだけでなく、できるだけ使わないようにすることも必要です。この本でそんなことを知ってもらえればと思います。3巻では、プラスチックの問題点とこれからの課題について、しょうかいしています。みんなもぜひいっしょに考えてみてください。

高田秀重　東京農工大学教授

もくじ

人がプラスチックの使い方をまちがえた ································· 3

1 プラスチックの始まりって？ ································· 4

2 世界中がプラスチックごみだらけ ································· 6

3 町なかのポイすてごみが、やがて海へ ································· 8

4 プラスチックのここが問題❶
劣化してマイクロプラスチックになり、有害物質を引きよせる ········· 10

5 海を汚染するプラスチック ································· 12

6 プラスチックのここが問題❷
海の生きものの命をおびやかし、生態系までも汚染する ········· 14

7 プラスチックのここが問題❸
プラスチックがつくられたときの添加剤がとけて、人体に入りこむ ······· 16

8 プラスチック、燃やす？ リサイクルする？ リユースする？ ········· 18

9 プラスチック、まずリデュース！ 使う量をへらそう ········· 20

世界ごみニュース プラスチックをへらす！ 世界の取り組み ········· 22

週刊TV SDGsアクション 特集❶むかしの買いものに学ぼう！ 容器持参と量リ売りがかっこいい ·· 24
特集❷むかしは修理が当たり前！ 今、注目されているリペアスタイル ·· 25

10 バイオプラスチックと環境問題 ································· 26

やってみよう！SDGsアクション プラごみをひろう活動に参加しよう ········· 28

学ぼう！世界のSDGsアクション ストップ！ プラスチック 声を上げた世界の子どもたち ··· 29

おわりに 地球の未来を守るためのプラスチックフリー ················· 30

プラスチックって本当に安いの？・索引 ································· 32

人がプラスチックの使い方をまちがえた

プラスチックは安い！
いろんな素材(そざい)があり、
大量(たいりょう)に生産(せいさん)できる

軽くてべんり。
大量(たいりょう)に生産(せいさん)できる

こわれたらリサイクルに
出してもらうか、
すてて新しいものを
買ってもらえばいい！

でも……プラスチックって、リサイクルできるんだっけ……？
プラスチックって本当に安いの？
（→こたえは32ページ）

1 プラスチックの始まりって？

プラスチックは、いつごろからつくられ始められたのでしょうか。

製品のかたちになった最初のプラスチックは、1869年にアメリカの印刷工、ジョン・ハイアットが発明したセルロイドだとされています。それまで使われていた高級な象牙（象の牙）にかわってビリヤードの球をつくるために開発されました。でも、セルロイドは天然資源のセルロースが原料で、完全に人工的につくられたプラスチックではありませんでした。

1907年にはベルギーの化学者、レオ・ベークランドが、初めて完全に人工的なプラスチックの工業化に成功し、このプラスチックは「ベークライト*」という名前で広まりました。電話機やカメラの本体に使われ、その後、自動車や家電などはばひろく使用されるようになります。その後は、さまざまな種類のプラスチックが開発されました。

*「ベークライト」は、熱を加えてかたちをつくった後、さめるとかたまって、かたちを変えることができなくなる、熱硬化性プラスチック（→2巻26ページ）

- 1869年 セルロイド（半合成プラスチック）
- 1907年 ベークライト（合成プラスチック）
- 1926年 ポリ塩化ビニル（→2巻28ページ）フィルムなど
- 1938年 ポリスチレン（→2巻28ページ）コンピューターやテレビの外わくなど
- 1938年 ポリアミド（ナイロン→2巻29ページ）ストッキング、衣類など
- 1939〜1945年 第二次世界大戦
- 1951年 ポリエチレン（2巻28ページ）バケツ、レジぶくろなど
- 1954年 発泡スチロール 食品トレー、食品容器など

それまで、絹という天然素材でつくられていたストッキングは高級品だったが、ナイロンのストッキングが発明されたことで、一般の人びとも手に入れられるようになった。日本では1940年代に開発され、海外に輸出された。1950年代からは国内でも人気となった。

画期的な発明だったんだ。

プラスチックが広まった理由の一つは、戦争（第二次世界大戦）によって不足した金属をおぎなうためだった。軽くて長もちし、さびない、電気を通さないなどの特性から、電線をおおったり、車両や航空機など金属の代用品として幅広く使用された。

戦後も、ガラスの食器に代わり、安いプラスチックの食器が生産されるようになるなど、べんりさでは金属やガラスにまさるプラスチックの日用品があふれていくようになった。

1950年代から60年代の高度経済成長期には、いろいろなものをかんたんに安くつくることのできるプラスチック製品は、電化製品、自動車、生活用品など、あらゆる分野に登場しました。これまで使われていた、木や紙、金属、ガラス、石、綿、絹などといった天然の素材に取って変わったのです。

5

2 世界中がプラスチックごみだらけ

今、世界でつくられているプラスチックの量とプラスチックごみの量は、それぞれいったいどのくらいあるのでしょうか。調べによると、2022年のプラスチックの生産量は4億3000万トンで、50年前、1964年の1500万トンの約20倍になっています。また、2022年のプラスチックごみの量は3億5300万トンでした。また、日本は、1人当たりの使いすてプラスチックごみの廃棄量で、アメリカについで世界第2位となっています。今、世界中がプラスチックごみであふれ、問題になっています。

プラスチックごみは、とんでもない量になっているんだ。

1964年の生産量　1500万トン

2022年の生産量　4億3000万トン

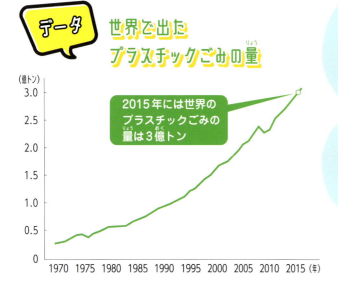

データ　世界で出たプラスチックごみの量

2015年には世界のプラスチックごみの量は3億トン

出典：UNEP（国連環境計画）、SINGLE-USE PLASTICS A Roadmap for Sustainability（2018）より

中東に位置する国、レバノンの海岸。適正に処理をすることがおいつかないプラスチックごみ。

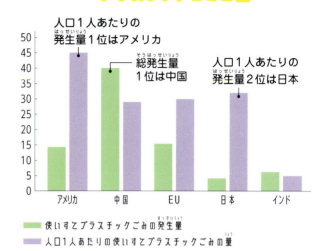

データ 人口1人あたりの使いすてプラスチックごみの量

人口1人あたりの発生量1位はアメリカ
総発生量1位は中国
人口1人あたりの発生量2位は日本

■ 使いすてプラスチックごみの発生量
■ 人口1人あたりの使いすてプラスチックごみの量

出典：UNEP（国連環境計画）、SINGLE-USE PLASTICS A Roadmap for Sustainability（2018）より

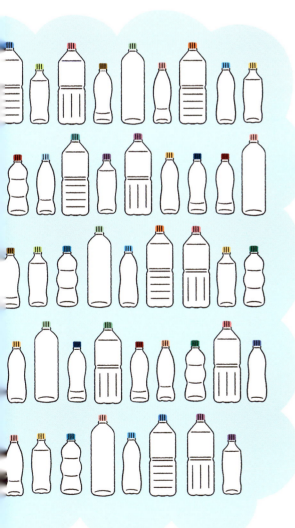

　近年、プラスチックのごみが自然環境や人や動植物の健康に害をあたえることがわかり、プラスチック汚染の問題は深刻になっています。ごみの処理には、おもに焼却・うめ立て・リサイクルなどの方法が取られていますが、処理しきれなくなったり、ポイすてされたプラスチックごみが海までたどりつき、海をよごしています。プラスチックの処理には手間がかかり、先進諸国では処理をする人材が確保できないので、最近までプラスチックごみを発展途上国などへ輸出し、自分の国のごみをよその国に押しつけてきました＊。押しつけられた国でも、あふれたプラスチックが海をよごしているのです。

＊2019年4月のバーゼル条約会議で、プラスチックごみの輸出規制が強化された。

3 町なかのポイすてごみが、やがて海へ

プラスチックごみはどうやって海まで出ていくのでしょうか。ポイすてされたペットボトルやそのほかのプラスチックごみのゆくえをたどってみましょう。

東京都の荒川の河口のプラスチックごみ。陸でポイすてされたプラスチックごみは、大雨や太陽の紫外線にさらされてぼろぼろになりながら、川に流され、やがて海へたどりつく。海に出たごみは、いつか別の海岸へもたどりつく。

「1人がたったひとつでもポイすてすると、とんでもないことになるよ。」

食事で出た使いすて容器のごみ

劣化（使っているうちに品質や性能が悪くなること）したビニールシートのはへん

海をよごしているプラスチックごみの中身は、圧倒的にレジぶくろ、ペットボトル、使いすてプラスチック容器となっています。

町なかであふれているプラスチックのごみ。

あふれたごみ箱からこぼれ落ちるプラごみ

大雨で流れ出すポイすてごみ

道路のカラーコーンのはへん

劣化した人工芝のはへん

わたしたちの生活のなかからも、マイクロプラスチックが海に出ていきます。

洗顔フォームや化粧品にもスクラブなどとしてマイクロビーズ（マイクロプラスチック）が入っている場合もある

ぼろぼろになったスポンジのかけら（マイクロプラスチック）

ぼろぼろになった洗たくばさみ

化学せんいでできた衣類から出る小さなせんいのくずは、せんい状のマイクロプラスチックとなる

洗たくに使う、石油からできた合成洗剤にも、マイクロカプセルという香り成分をとじこめたプラスチックが入っている場合もある

プラスチックのここが問題❶

4 劣化してマイクロプラスチックになり、有害物質を引きよせる

　川や海に流れ出したプラスチックごみは、波に流されるうち、また海岸に打ち上げられたのちに、紫外線にさらされ、劣化してぼろぼろとくずれ、小さなかけら（マイクロプラスチック）になっていきます。マイクロプラスチックは、工場から出る排水のなかの汚染物質や、海の底にしずんでいた有害な物質も引き寄せてしまいます。

分解されないということは、海をこんなによごしてしまうんだよ。

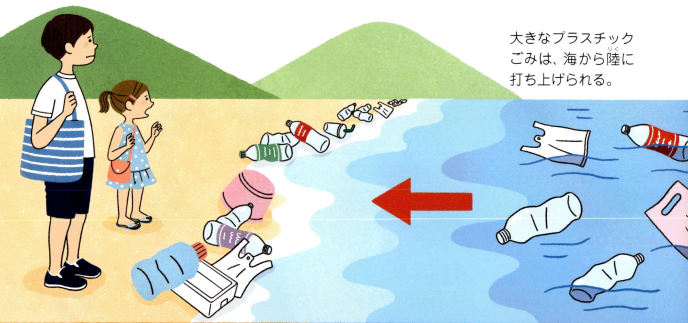

大きなプラスチックごみは、海から陸に打ち上げられる。

海岸にあるプラスチックごみは、太陽の紫外線で劣化する。

くだけたプラスチックごみは、どんどん小さくなり、やがてマイクロプラスチックとなる。

土にうめても……

プラスチックは、土にうめても分解されずにいつまでもそのまま残ってしまいます（→2巻25ページ）が、もうひとつこまるのは、時間がたつうちにプラスチックが劣化すると、つくるときに加えた添加剤がうめ立てた土にしみ出してしまい、土地を汚染してしまうことです。

劣化して、小さくくだけて、5mm以下の大きさのマイクロプラスチックになる。魚や海鳥がえさとまちがえて飲みこむ。

マイクロプラスチックの多くは海底にしずみ、海の底にたまっていた有害な物質を引きつけ、また海面にうき上がってくる。これはヨーヨーメカニズムとよばれる。

5 海を汚染する、プラスチック

北大西洋還流

インド洋還流

南大西洋還流

海のごみの量は、2050年には魚より多くなる、と言われているんだ。

ペットボトルやレジぶくろ、ストロー、プラスチックのカップ、おもちゃ、ビニールひも、つり糸や魚あみなど漁をするための道具など、数えきれない種類のプラスチックごみが海にういています。海にういているプラスチックごみは、海水がうずをまいている「還流」という場所に集まっていきます。還流は、世界の海のあちこちにありますが、日本の南にある北太平洋還流には、多くのプラスチックごみが集まっており、「太平洋ごみベルト」などとよばれています。

プラスチックのここが問題❷
6 海の生きものの命をおびやかし、生態系までも汚染する

近年、海の生きものや海鳥たちが、海をただようプラスチックごみのぎせいになるというニュースがたくさん聞かれます。生きものたちは、からだにプラスチックごみがからみついて動けなくなったり、レジぶくろなどを大量に飲みこんだりして、命を落としています。また小さくなったマイクロプラスチックを小さな魚がえさとまちがえて飲みこみ、その魚を大きい魚が食べ、その魚を人間が食べるという食物連鎖の結果、人間のからだにもプラスチックが入りこんでいます。プラスチックには、生きものの健康に害をおよぼす環境ホルモン（→16〜17ページ）がふくまれていることがわかっています。

海の生きものたちが命を落としているだけではないんだ。

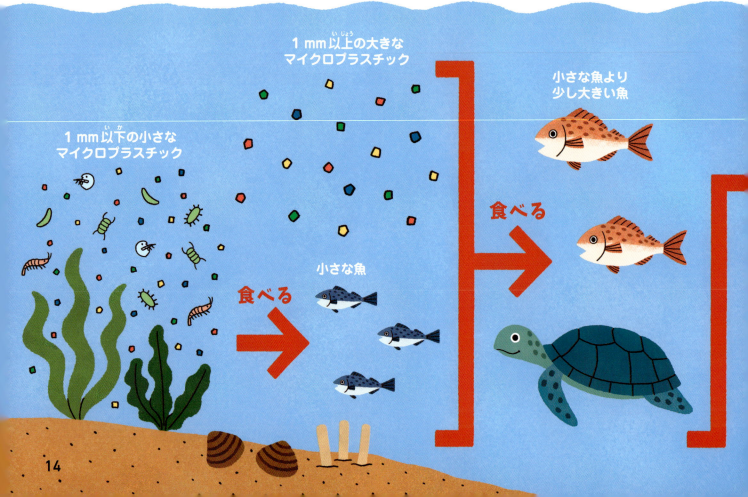

海に流れ出たプラスチックの魚あみがからまって、動けなくなったウミガメ。

うめ立て地でビニールぶくろのごみがからまって、息ができなくなったコウノトリ。

魚を食べるわたしたち人間のからだからも、マイクロプラスチックが発見されている。

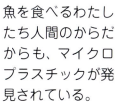

プラスチックごみ

食べる

食べる

大きな魚や海の生きもの

キーワード

食物連鎖（しょくもつれんさ）

自然（しぜん）のなかにいる生きものたちの「食べる」「食べられる」でつながった関係。つながりの出発点（しゅっぱつ）は植物で、最終（さいしゅう）は大型（おおがた）な動物や人間になる。

プラスチックのここが問題❸
7 プラスチックがつくられたときの添加剤がとけて、人体に入りこむ

　プラスチックは、石油の原油に熱を加えてできたナフサを熱分解した石油化学基礎品（エチレン、ベンゼン、プロピレンなど→2巻27ページ）を原料としています。原料を加工したうえで、使い道におうじたいろいろな種類のプラスチックをつくるために、添加剤を加えます。添加剤はたとえば、プラスチックをやわらかくする可塑剤、プラスチックの劣化をおさえる酸化防止剤や紫外線吸収剤、燃えにくくする難燃剤などがあります。これらの添加剤は化学物質で、原料とは結びついていないため、プラスチック容器を電子レンジなどであたためたり、油っぽい食品といっしょにすると、添加剤がとけ出し、口に入ります。とけ出した添加剤には環境ホルモンとなるものもあり、人体に悪い影響をあたえることがわかってきています。

添加剤は、油の多い食べものや温めた食べものから特にしみ出す

プラスチック容器に入ったおそうざいをそのまま温めると

カップめんにお湯をそそぐと

キーワード

添加剤と環境ホルモン

人間は体内でホルモンという物質をつくり、人体のさまざまなはたらきを調節して生きている。ホルモンは人体の外側や内側で環境の変化が起きても、からだの働きをつねに一定に保つことができる。ところが、プラスチックをつくるために加えられる添加剤には、人間の体内でつくられるホルモンの働きをかきみだす物質がふくまれている。これらの物質は「環境ホルモン（外因性内分泌かくらん物質）」とよばれていて、子どもの成長や生殖機能（人間が子どもをつくるからだのはたらき）への影響がうたがわれている。

おもなプラスチックの添加剤

- やわらかくするための添加剤
- かたくしてこわれにくくするための添加剤
- 熱に強く燃えにくくするための添加剤
- 太陽の紫外線に強く、劣化をふせぐための添加剤
- 色をつけるための添加剤
- 香りをつけるための添加剤
- カビをふせぐための添加剤
- 菌をつきにくくするための添加剤
- 発泡スチロールなどにするための添加剤
- 量をふやすための添加剤

ペットボトルの水にも添加剤はとける

油を使った食べものが入ったおべんとう容器を温めると

環境ホルモンが人間のからだに入ると…？

環境ホルモンは、本来のホルモンに見せかけて、からだにまちがった指令を出す。動物ではオスがメスになってしまったり、子どもができにくくなるということが研究の結果わかった。人間も、赤ちゃんをつくるためのからだのはたらきや赤ちゃんや子どもの脳の発達に影響があることがわかってきた。

おなかのなかの赤ちゃんが育ちにくくなる

女の人が乳がん（乳房のなかにがんができる病気）にかかりやすくなる

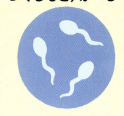

男の人のからだのなかの精子（赤ちゃんをつくるもと）がへる

8 プラスチック、燃やす？リサイクルする？リユースする？

焼却

石油からつくられているプラスチックはよく燃えるので、水分の多いごみを燃やすためにはプラスチックを燃やせばいいと考える人もいます。しかし焼却すると石油に由来する炭素が二酸化炭素になります。プラスチックを燃やす量をふやせばふやすほど、二酸化炭素がふえて地球温暖化につながります。また塩化ビニルというプラスチックを燃やすとダイオキシンが出たり、生ごみとプラスチック類をいっしょに燃やすと塩分からダイオキシンが出てしまうのです。プラスチックを燃やす量をへらさなくてはなりません。ごみを焼却するときに発生する熱や蒸気を利用して、発電や暖房、温水を生み出すなど、熱回収もしていますが、これも火力発電所で石油を燃やすことと同じことです。

リサイクル

プラスチックはその種類の多さから、マテリアルリサイクル（ものから新しいものを生み出すリサイクル）がうまくできません（→2巻28ページ）。また、原料までもどしてプラスチックをつくり直すケミカルリサイクルというやり方もありますが、これにはかなりエネルギーを使うため、温暖化が進んでしまいます。日本ではこの2つのリサイクルをまとめても25％にしかなっていません。熱回収のことをサーマルリサイクルという人がいますが、まちがいです。リサイクルとはごみを処理してまた同じ素材として使うことを意味しますが、プラスチックを燃やして出てきた二酸化炭素をプラスチックとして使うことはできないので、リサイクルではないのです。国際的にも、サーマルリサイクルという言葉は通用しません。

世界では熱回収はリサイクルに入らないと言われている!!

プラスチックはべんりだけれど、使い終わった後の始末にはこまった問題がたくさんあることがわかりました。焼却するか、リサイクル（再利用）するか、リユース（再使用）するか、どうするのが一番よいのでしょうか。

プラスチックの焼却については、よく考えなくてはならないね。

リユース

海のごみ問題でもっとも深刻なのがマイクロプラスチックの問題です。プラスチックは劣化するとマイクロプラスチックになります。ガラスはびんを何回でもつかえるリターナルびん（→2巻16ページ）がありますし、衣類はリユースに向いているかもしれません。金属や紙は、すべてリサイクルが根づいています。生ごみもたい肥にしたり、分解できたりして、自然に循環（→2巻6ページ）しています。プラスチックだけが、リユースにすら不向きなのです。（→2巻24〜29ページ）

焼却やリサイクルだけにたよるのもむずかしいし、リユースにもかぎりがあるね。でももうひとつ方法があるよ。それはリデュース（へらすこと）だ。

9 プラスチック、まずリデュース！使う量をへらそう

　焼却もリサイクル（再利用）もリユース（再使用）もうまくいかないプラスチックは、その使用をへらすこと、リデュースが必要です。まずは使いすてをやめ、どうしても必要なところだけにプラスチックを使うようにしましょう。1人ひとりがこころがけることでプラスチック汚染をくいとめることができます。

❶ レジぶくろはもらわない（リフューズ）

❷ ペットボトルの飲みものはできるだけ買わないでマイボトルを持ち歩く

❸ プラスチック製のストローがついた飲みものは買わない

❹ 使いすてのドリンクカップで飲みものを飲まずに、マイボトルを使う

❺ 使いすて容器に入ったべんとうは買わない

❻ 買いものは布の
エコバッグ

❼ 野菜はばら
売りを買う

❽ 使いすてのおしぼりは
もらわない

❾ 包装をできるだけ
ことわる

❿ 個包装の
おかしは買わない

⓫ できるだけ量り
売りの店を利用する
（コーヒー豆など）

⓬ 液体石けんや
洗剤から、固形
石けんや粉洗剤に

⓭ プラスチック製の
食器・調理器具を
使わない

⓮ プラスチック製
（ナイロン、ポリエステル、
ポリウレタンなど）
の衣類は買わない

⓯ ポイすては絶対にしない！

　プラスチックのごみをへらすためには個人の活動だけでは不十分です。これからはプラスチック製品をつくる事業者が考え方や行動を変えなければなりません。つくる責任は重大なのです。わたしたちが使いすてプラスチックの使用をできるかぎりやめれば、つくる側も変わらざるを得ません。

プラスチックをへらす！世界の取り組み

プラスチック汚染は世界中で問題になっていて、さまざまな国がなんとかしようと立ち上がり、プラスチックをへらす取り組みをしています。

プラスチックぶくろを禁止したアフリカの国ぐに

アフリカ大陸では、2003年に初めて、南アフリカがプラスチックぶくろの輸入・製造・販売・使用を禁止または有料にしました。それを皮切りに、今では54か国中約30か国がプラスチックぶくろ（レジぶくろ）を禁止、有料化するなど、使いすてプラスチックをへらす取り組みが広がっています。

アフリカのガーナの川。ごみの処理が追いついていない。

ルワンダ

ルワンダでは、ポイすてされたプラスチックぶくろが排水溝や川をせき止めて洪水の原因になるなど、災害に発展していることから、2008年に（病院などを例外として）プラスチックぶくろや使いすてプラスチック容器の輸入・製造・販売・使用を禁止した。紙ぶくろや紙のストローが定着している。

ケニア

ケニアは2017年にプラスチックぶくろの輸入・製造・販売・使用を禁止した。違反すると、最高4万ドル（約440万円）の罰金、または最長4年の禁固刑、またはその両方が科せられる。世界で一番きびしいポリぶくろ禁止令といわれている。2020年からは自然保護区内に使いすてプラスチックを持ちこむこともみとめられない。

使いすてプラスチックを禁止したEU（欧州連合）

EU（欧州連合）では、2021年に使いすてプラスチック製品の使用や流通を禁止しました。海を汚染するごみの上位をしめる、使いすてのスプーン、フォーク、ナイフ、さら、ストロー、マドラー、使いすての食品容器、飲料容器などが対象です。プラスチックのボトルも2030年までに90％回収することを目標にしています。少量個包装のシャンプーやテイクアウトの調味料などの容器をへらすことにも目が向けられています。

フランス

フランスでは2022年に、野菜やくだもののプラスチック包装が禁止、2023年からは飲食店での使いすて容器の使用が禁止となった。2040年までにすべての使いすてプラスチックを廃止する目標を発表している。

キーワード

国際プラスチック条約

2024年を目標に、国際的なプラスチックの規制の法律をつくることをめざす条約。現在起きているプラスチック汚染による、人と環境への影響をなくすために、これからのプラスチックの原料選び、生産、設計、使用、廃棄などについての国際的なルールを設けようと、2022年から2024年末までの間に5回、世界各国が話し合って制定しようとしている。

アジア、オセアニアの取り組み

アジアには発展途上の国もあり、なかには焼却やうめたてなどの廃棄物処理のシステムが整っていない国もありますが、使いすてプラスチックへの意識がたかまっています。

インド

経済が成長し人口が急増しているインドでも、ふえるごみ対策のひとつとして、2022年から使いすてプラスチックの輸入・製造・販売・使用は禁止になった。違反者には刑務所への収容や罰金などが科せられる。

インドネシア

インドネシアでは、まだペットボトルの分別が進んでいない。そんななかスラバヤ市では、2018年から使用ずみのペットボトルの回収に協力すればバスに乗れるというユニークな取り組みをおこなっている。ボトルの数量で運賃の代わりとなるポイントが専用アプリからもらえる仕組みだ。回収されたペットボトルはリサイクル業者が買い取り、自治体の予算となっている。

中国

中国では、これまで日本などからのプラスチックごみを受け入れてきたが、2017年からその輸入を禁止した。その後、東南アジアの国ぐにでも、次つぎと輸入を規制している。また中国では2008年からうすでのプラスチックぶくろの製造・販売を禁止、プラスチックぶくろ全体は有料化している。

ニュージーランド

ニュージーランドでは2019年からレジぶくろを禁止しているが、さらに2023年からは、世界で初めて生鮮食品用のうすいプラスチックぶくろも禁止した。

23

週刊TV SDGsアクション

昭和30年代（1950年代）のはじめごろまでは、まだスーパーマーケットが少なく、それぞれ、肉屋、魚屋、八百屋（青果店）、米屋、酒屋、乾物屋＊など、個人商店で買いものをしていました。ありとあらゆる容器包装もありませんでした。　＊乾物は、野菜や海そう、魚介類などを乾燥させ保存できるようにした食品。

特集❶ むかしの買いものに学ぼう！容器持参と量り売りがかっこいい

- 野菜やくだものは新聞紙にくるんで、売ってくれた。
- 買いものには、竹やいぐさなどで編んだ買いものかごを持って行った。
- 肉や魚は木や竹の皮からつくられた「経木」という紙に包んで、売ってくれた。
- プラスチック包装が禁止になったら、また復活するかもしれない。
- とうふ屋さんがとうふを売りに来たら、なべを持って買いに行ったりしていた。
- しょうゆやみそは量り売りをしてくれた。
- 米は米屋さんが、酒は酒屋さんが配達をしてくれた。びんを返すと10円返してくれた。

最近、量り売りのお店や容器の返却ができるお店、建もの内に給水機を設置したりするお店なども出てきました。

品ものを買った消費者が使い終わった容器を指定の場所に返却するとお金がもどってくるしくみがある。返却された容器は集められ、洗じょうされてリユースされる。このような取り組みをしている会社がふえている。

スーパーマーケットのなかのおそうざいを売るお店で、量り売りをおこなっているところもある。

店内に給水機を設置するお店も出てきている。大学なども給水機を設置して、ペットボトル削減に取り組んでいるところがあるよ。

特集❷ むかしは修理が当たり前！今注目されているリペアスタイル

昭和30年代（1950年代）のはじめごろまでは、ファストファッション*などの安い値段の衣服がなく、外出用の服は高かったので、衣服を大切に着ていました。子どもは成長が早いので、日常の衣服などは上の兄弟や親せき、近所の子どものおさがりをもらって着ることもありました。ものを修理する習慣もまだふつうにおこなわれていました。

＊流行の衣料品を安く短期間で大量生産・販売すること。

衣服はおさがりを利用していた。やぶけても、つぎ当てをしたり、着古したら、ぞうきんやおむつにした。

ふとんは「打ち直し」といって、なかの綿をほぐしてやわらかくしたり、新しいものに取りかえたりしてぬい直した。

かけ時計やラジオ、レコードプレイヤー、テレビなども調子が悪くなると直したりして使った。

「金つぎ」は、最近見直されている、日本の伝統技術。かけた食器とはへんを、金粉とうるしでくっつけて修復する。

10 バイオプラスチックと環境問題

　プラスチックはべんりな材料である一方、これまでのべてきたように、石油というかぎりある資源を使って製造されています。製造、廃棄するときに二酸化炭素を出すこと、リサイクルがしづらいこと、使っているうちに劣化してマイクロプラスチックになり、有害な添加剤を出す場合がある（→10～11ページ）、生分解しないのでいつまでもごみとして残ることなど、たくさんの問題があります。しかし、医療に使うものなど、プラスチックがどうしても必要な分野もあり、また日常生活からプラスチックを完全に追い出すことはできません。今、世界の国ぐにでは、「バイオプラスチック」の開発が進められています。環境にやさしいといわれるバイオプラスチックは、「生分解性プラスチック」と「バイオマスプラスチック」という2つの種類があります。両方とも、添加剤の有毒性には注意が必要です。

	植物などからつくる	石油などからつくる
分解する	生分解するバイオマスプラスチック	生分解性プラスチック
分解しない	バイオマスプラスチック	ふつうのプラスチック

「バイオマスプラスチック」は、トウモロコシやサトウキビなどの植物を原料とするプラスチック。「生分解性プラスチック」は、分解しやすい条件を用意することで、微生物（目に見えないほど小さな生きもの）が分解してくれて、最後には二酸化炭素と水になるプラスチック。生分解性プラスチックには、石油や石炭などを原料とするものもあれば、バイオマスからつくるもの（生分解するバイオマスプラスチック）、両方をまぜたものがある。

バイオマスで生分解するプラスチックは両方のよいところをかねそなえているといえる。おもに「ポリ乳酸」などがよく知られている。

バイオプラスチックの識別マーク

日本バイオプラスチック協会が定めた識別表示マークには、「バイオマスプラスチック」「生分解性プラスチック」「生分解性バイオマスプラスチック」「海洋生分解性プラスチック」「海洋生分解性バイオマスプラスチック」などのものがある。

生分解性プラスチックやバイオマスプラスチックは、どんな製品に使われているのでしょうか。

どちらも課題があるんだよ。

バイオマスプラスチック

再生可能なバイオマス資源を原料にしていることで、地球温暖化の防止や石油などの資源を使いすぎないことにつながります。原料を食べられるものからつくるバイオマスにした場合、食糧生産との調整が必要だ。一方、木材などのバイオマス原料の場合、森林の保護も視野に入れることが必要です。

バイオマスプラスチックにはいくつか課題があります。ひとつは原料にコストがかかることです。代表的な原料は、サトウキビ、トウモロコシ、キャッサバなどがありますが、海外の生産国にたよっているからです。また、バイオマスプラスチックで生分解しないものをリサイクルするためには、ふつうのプラスチックと同じように、種類を分けて収集しなくてはなりません。分別のためのしくみをきちんと整えることが課題となっています。

生分解性プラスチック

分解されるという特性をいかせるもの（包装のふくろやストローなど）に使われます。生分解性をいかして、食品が残っていてもいっしょにコンポスト（たい肥化）できるという利点もあります。

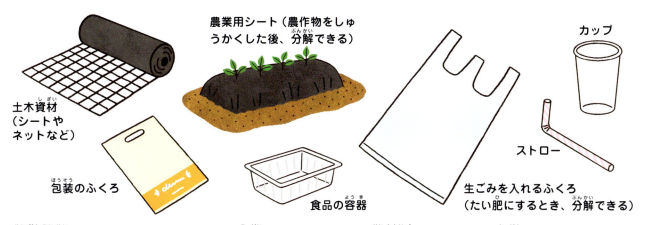

生分解性プラスチックにもいくつか課題があります。まだ生産量が少ないため値段が高いこと、リユース（再使用）やリサイクル（再利用）には向かないこと、分解のスピードは環境によるので一定ではないことなどがあげられます。また、海のなかでも生分解ができるプラスチックも開発が進められています。これらは、「海洋生分解性プラスチック」とよばれています。海洋生分解性プラスチックも条件によっては分解がおそくなり、マイクロプラスチックの状態がつづくことになるので、ポイすてをしてはいけません。使い終わったプラスチックが海に入る前につかまえるしくみが必要です。

プラごみをひろう活動に参加しよう！

家で、近所で、海で、プラスチックをへらすためにできることをやってみましょう。

家で　プラスチックごみをかぞえてみよう

家ではどのくらいプラスチックごみを出しているかな？　1巻30ページでつくった表を応用して、プラスチックごみだけの表をつくってみよう。へらせるものはないかな？

近所で　プラスチックごみをひろい集めてみよう

近所で地域の清掃などをやっていたら、プラスチックごみをひろうアクションをぜひ提案してみて。または家の人といっしょに近所のプラスチックごみをひろってみよう。クラスのみんなで自由研究として、通学路のプラスチックごみを集めて調べてみてもいいね。多かったものは何か、どうすればへらせるかも考えてみよう。

海で　プラスチックごみをひろう活動に参加しよう

日本全国の海岸や川でごみをひろう活動がひろまっている。住んでいる都道府県や近くの都道府県の海や川で活動があったら、参加してみよう。どんなごみが多いか、どこから運ばれてきたのか、考えてみよう。また、海に遊びに行ったら、マイクロプラスチックをさがしてみよう。

学ぼう！世界のSDGs（エスディージーズ）アクション

ストップ！プラスチック 声を上げた世界の子どもたち

世界には、プラスチック汚染を何とかしたいと思って、声を上げ、立ち上がった子どもたちがいます。彼らはさまざまな活動をしています。

野生動物をプラスチック汚染から守る！

2009年、アメリカに住む、オリビア・リース（妹・7歳）、カーター・リース（兄・8歳）のふたりは、絶滅しそうな動物のことを世の中に知らせるため、「One More Generation（ワン・モア・ジェネレーション）」を設立した。海洋プラスチック汚染から動物を守ることを中心に、使いすてストローの1か月間の不使用をよびかけ、成功をおさめた。

ホームページ　http://onemoregeneration.org/

インドネシア・バリ島からプラスチックのレジぶくろをなくす！

2013年、インドネシア・バリ島に住むメラティ・ワイセン（姉・12歳）とイザベル・ワイセン（妹・10歳）の姉妹は、「Byebye Plastic Bags（バイバイ・プラスチック・バッグ）」という運動を始めた。ふたりはSNS（エスエヌエス）を使って声をとどけ、賛同した同年代の子どもたちといっしょにビーチのごみひろいをして、市場でスピーチをおこない、バリ島知事と面会して、対策をうったえた。その努力の結果、2019年にレジぶくろ、ストロー、カップ、食品容器などをふくむ使いすてプラスチック製品が禁止された。

ホームページ　https://byebyeplasticbags.org/

世界の海洋ごみを回収する！

オランダに住むボイヤン・スラットは16歳のとき、ギリシャにダイビング旅行をした。海にうかぶたくさんのプラスチックぶくろを見てショックを受けたことがきっかけで、海流の力を利用したプラスチック回収の方法を思いつき、18歳で「The Ocean Cleanup（ザ・オーシャン・クリーンアップ）」を設立した。2021年800mの巨大なネットを用いた装置で太平洋ごみベルトのプラスチックを回収、2023年には約3倍の2.2kmのネットの装置で回収した。ほかにも川でのプラスチック回収もおこなっている。2040年までに海のプラスチックごみを9割なくすことを目標にしている。

ホームページ　https://theoceancleanup.com/

29

おわりに（この本を読んでくれたみなさんへ）
地球の未来を守るためのプラスチックフリー

　なぜ、身のまわりからプラスチックをへらさなければいけないのか、もう一度まとめてみましょう。プラスチックにはからだによくない化学物質が入っていることがあり、わたしたち人間やそのほかの生きもののからだにそれが入らないようにしなくてはならないからです。

　プラスチックには添加剤がふくまれている（→16〜17ページ）ため、ペットボトルや食品の容器を使うと、化学物質がとけ出して、わたしたちのからだに入る可能性があります。また、マイクロプラスチックの問題に代表される「プラスチック汚染」（→8〜15ページ）をふせぐために、今、世界中であらゆる方法や視点からプラスチックをへらそうと取り組まれています。石油からつくるプラスチックをへらすため、天然資源からつくるバイオプラスチックにしようというこころみもそのひとつです。（→26〜27ページ）

30

プラスチックフリーな
アクション、
みんなもやってみて。

　プラスチックごみが海に出ないようにするためには、まずきちんと分別してごみ箱にすてることが必要です。そして、プラスチックごみをふやさないもっともよい方法は、プラスチックフリーをめざすことです。プラスチックフリーとは、「プラスチックを使用しないこと、プラスチックの使用を最小限におさえること」という意味があります。

　ものをつくる会社などでは、できるかぎりプラスチックの代わりとなる素材に変えることが求められています。たとえば天然素材そのものを使ったり、生分解性のバイオマスプラスチックなどに変えていくことです。

　では、わたしたちが自分でできることは何でしょうか。レジぶくろをもらわないでマイバッグを持って買いものをすること、プラスチックのストローや、使いすてのプラスチック容器を可能なかぎり使わないこと、ペットボトルの飲みものを買わずにマイボトルを持ち歩くこと、できるだけ包装をしてもらわないことなどがあげられます。

　プラスチックフリーな生活は決してむずかしいことではありません。ひとりひとりが小さなことを実行していけばかならず希望が生まれるでしょう。プラスチックフリーな生活をする人が多くなると、生産者や流通業界もこれまでのやり方を変えざるを得なくなります。

プラスチックって本当に安いの？

プラスチックのリサイクルや処理には手間も費用もエネルギーもかかります。例えば、ごみ収集場所に分別して出したプラスチックごみを、リサイクル工場に運ぶのにも、工場で分別してリサイクルするにもエネルギーと費用（働いている人の人件費や燃料代など）がかかります。その費用の多くは税金で支はらわれています。プラごみを燃やしている自治体では、焼却炉の建設や運転にぼう大な費用がかかり、これもまた税金が使われています。それらの税金で支はらっている分までふくめると、本当は、プラスチックは高い素材です。ヨーロッパではペットボトルの処分費まで企業が負担するしくみ（拡大生産者責任）が取り入れられている場合があり、そのような国ではペットボトル飲料の値段が、リユースガラスびん飲料の値段より高いそうです。このようなしくみを取り入れて、日本でもプラスチックごみをへらしませんか？

高田秀重　東京農工大学教授

索引

あ インド洋還流 ……………………… 12
　　 おさがり ……………………………… 25

か 海洋生分解性プラスチック ……… 26、27
　　 環境ホルモン ………………… 14、16、17
　　 還流 …………………………………… 13
　　 北大西洋還流 ………………… 12、13
　　 北太平洋還流 …………………… 13
　　 経木 …………………………………… 24
　　 金つぎ ………………………………… 25
　　 ケミカルリサイクル …………………… 18
　　 国際プラスチック条約 ……………… 23

さ 酸化防止剤 …………………………… 16
　　 紫外線吸収剤 ……………………… 16
　　 循環 …………………………………… 19
　　 焼却 …………………… 7、18、19、20
　　 食物連鎖 ……………………… 14、15
　　 生分解性プラスチック ………… 26、27

た 太平洋ごみベルト ……………… 13、29
　　 地球温暖化 ……………………… 18、27
　　 使いすてプラスチック …… 6、7、8、21、
　　　　　　　　　　　　　　　 22、23、29、31

な 添加剤 …………… 11、16、17、26、30
　　 難燃剤 ………………………………… 16
　　 熱回収 ………………………………… 18

は バイオプラスチック ……………… 26、30
　　 バイオマスプラスチック ……26、27、31
　　 量り売り ………………………… 24、25
　　 プラスチックぶくろ ……………… 22、23
　　 プラスチック容器 ……………… 16、31
　　 ポイすて …………… 7、8、9、21、22、27

ま マイクロプラスチック ……… 9、10、11、
　　　　　　　　　　 14、15、19、26、27、28、30
　　 マテリアルリサイクル ………………… 18
　　 南大西洋還流 ………………… 12、13
　　 南太平洋還流 …………………… 13

ら リサイクル（再利用）… 3、18、19、20、27
　　 リデュース …………………… 19、20
　　 リフューズ ………………………… 20
　　 リユース（再使用）…… 19、20、25、27
　　 レジぶくろ ……… 8、13、14、20、22、
　　　　　　　　　　　　 23、27、29、31

監修　高田秀重（たかだ・ひでしげ）

東京農工大学農学部環境資源科学科教授。国内外で、プラスチックと環境ホルモンの影響を調べ、研究をおこなっている。2005年から、世界各地の海岸でひろったマイクロプラスチックを集めて調査する「インターナショナル・ペレットウオッチ」を主宰し、世界各国で活動している。プラスチックと生ごみの焼却には反対で、プラスチックは使用をへらすこと、生ごみはコンポストをすすめている。プラスチックの問題を多くの人に向けて発信している。

デザイン	黒羽拓明
イラスト	田原直子／鴨下潤
執筆・編集	永田早苗

協力・写真提供
P 7〜11高田秀重
P15アフロ
P22高田秀重
P23アフロ
P26日本バイオプラスチック協会

参考文献
『みんなで考えたい　プラスチックの現実と未来へのアイデア』
高田秀重監修（東京書籍）
『プラスチックモンスターをやっつけよう！　きみが地球のためにできること』
高田秀重監修（クレヨンハウス）
『今すぐできる小さな革命　プラスチックフリー生活』
シャンタル・プラモンドン、ジェイ・シンハ（NHK出版）

分別が楽しくなる！
ごみと資源のリサイクル
③どうする？　プラスチックごみ

2025年4月5日　　初　版

NDC518　P32　29×22

監　修	高田秀重
発行者	角田真己
発行所	株式会社　新日本出版社
	〒151-0051　東京都渋谷区千駄ヶ谷4-25-6
	tel.　03-3423-8402（営業）　03-3423-9323（編集）
	メール　info@shinnihon-net.co.jp
	ホームページ　www.shinnihon-net.co.jp
	振替番号　00130-0-13681
印　刷	光陽メディア
製　本	東京美術紙工

落丁・乱丁がありましたらおとりかえいたします。
©Sanae Nagata 2025
ISBN978-4-406-06830-7 C8336 Printed in Japan

本書の内容の一部または全体を無断で複写複製（コピー）して配布することは、法律で認められた場合を除き、著作者および出版社の権利侵害になります。小社あて事前に承諾をお求めください。

ほかにも！
プラスチックフリーをやってみよう

プラスチックフリーな生活を目標に、プラスチックごみをへらす、
プラスチックごみをひろう、できるだけプラスチックをつかわないで、
ほかのものを選ぶ、今あるプラスチックは使い切る、
こんな行動をしてみましょう。

学校や地域で、
近所や海のプラごみを
ひろう活動に参加する。

近所の給水機を
チェックして使う。

買いものには
マイバッグを持ち歩き、
長く使えるものを選ぶ。

マイはし、
マイボトルを
持ち歩く。

学校や地域の
パーティーなどでは、
紙コップ、紙皿など、
プラスチックではない
食器を使う。

衣服や文房具のほか、
身のまわりのものを
プラスチック以外の
ものを選ぶ。